TABLEAUX

Anciens et Modernes

PEINTURES DÉCORATIVES

Beaux Dessus de Portes

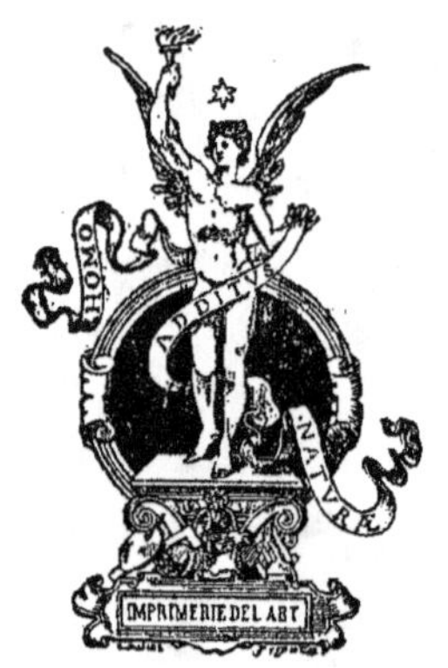
HOMO
ADDITVS
NATVRÆ
IMPRIMERIE DEL ART

CATALOGUE

DES

TABLEAUX ANCIENS

DES DIVERSES ÉCOLES

PEINTURES DÉCORATIVES

BEAUX DESSUS DE PORTES

Trois gracieux panneaux attribués à Huet

PORTRAITS HISTORIQUES

TABLEAUX MODERNES

Dessins, Aquarelles

DONT LA VENTE AURA LIEU

HOTEL DROUOT, SALLE N° 8

Le Mercredi 25 Février 1891

à 2 heures 1/2

Mᵉ PAUL CHEVALLIER	**M. EUG. FÉRAL**
COMMISSAIRE-PRISEUR	EXPERT
10, rue de la Grange-Batelière, 10	54, Faubourg-Montmartre, 54

EXPOSITION PUBLIQUE

Le Mardi 24 Février 1891, de 1 heure à 5 heures 1/2

CONDITIONS DE LA VENTE

Elle sera faite au comptant.

Les acquéreurs payeront, en sus des adjudications, *cinq pour cent* applicables aux frais.

L'Exposition mettant le public à même de se rendre compte de l'état des objets, il ne sera admis aucune réclamation une fois l'adjudication prononcée.

Paris. — Imp. de l'Art, E. Ménard et Cie, 41, rue de la Victoire.

DÉSIGNATION

TABLEAUX ANCIENS

1 — **Amerom (H. van)**. Les Petits Maraudeurs
et le Joueur de violon. Deux pendants.

2 — **Bassan (J. da Ponte, le)**. Portrait
d'homme. Gentilhomme représenté à mi-jambes,
de trois quarts, en costume noir bordé de four-
rure, la main posée sur un livre. Au fond, une
fenêtre laisse voir la campagne.

3 — **Coypel (Charles)**. Angélique et Médor.

4 — **Coypel (Charles)**. Vénus et l'Amour.

5 — **Coypel (Charles)**. Diane et Calisto.
Trois gracieux dessus de portes. — Haut.,
98 cent.; larg., 1 m. 65 cent.

6 — **Desportes (François)**. Guirlande de raisins avec leurs ceps entourant un bas-relief. Bonne peinture.

7 — **Gauffier (L.)**. Portrait en pied de Jean-Claude de Lagersward, ambassadeur du roi Gustave IV, 1799.

8 — **Gérard** (Attribuée à Mlle). Tête de jeune femme, de profil.

9 — **Huet** (Attribué à **Jean-Baptiste**). Suite de trois beaux panneaux décoratifs :

1° La Fête de Flore. — Haut., 2 m. 15 cent.; larg., 3 m. 87 cent.

Bergers et bergères en de charmants costumes de soie et de satin, aux couleurs chatoyantes, sont assemblés sur la terrasse d'un parc auprès d'une fontaine monumentale et tressent des guirlandes et des couronnes pour en décorer la statue de Flore.

2° Offrande au Dieu Pan. — Haut., 2 m. 15 cent. ; larg., 2 m. 7 cent.

Satyres et bacchantes entourant l'autel de Pan qui se dresse devant un temple circulaire.

3° Le Bain. — Haut., 2 m. 15 cent.; larg.,
2 m. 7 cent.

Des nymphes se livrent aux plaisirs du bain
dans un bassin alimenté par une fontaine en
forme d'arc de triomphe décoré de cariatides.

10 — **Jardin** (D'après **Karel du**). Le Charlatan.
Copie d'après le tableau du Musée du Louvre.

11 — **Keller, 1753** (Signé **J. H.**). Quatre dessus
de portes. Scènes enfantines et allégoriques aux
Saisons.

12 — **Lancret** (D'après). Deux pendants. L'Es-
carpolette et les Oies du père Philippe.

13 — **Lavreince** (**?**). Le Roman dangereux.

14 — **Lavreince** (**?**). Après la lecture.

15 — **Lavreince** (**?**). Le Chien défendant la rose.

16 — **Mignard** (École de). Portrait de la duchesse
du Lude, dame d'honneur de la duchesse de
Bourgogne.

17 — **Poussin** (École de **N.**). Sujet biblique.

18 — **Ribera** (Attribué à **J. de**). Apparition de la
Vierge à un évêque.

19 — **Ribera** (Attribué à **J. de**). Un Père de
l'Église.

20 — **Solimène** (Attribué à). L'Enlèvement des
Sabines. Importante composition avec nombreux
personnages.

21 — **Swebach**. Le Camp. Un officier à cheval et
quelques soldats avec leurs femmes sont arrêtés
devant une tente dressée dans la campagne. Au
fond, défile un convoi militaire. Fin et précieux
tableau, de la plus remarquable finesse.

22 — **Van Loo** (Genre de **Carle**). Portrait
d'homme en costume de chasse, assis dans un
paysage. Il tient son fusil, son chien se dresse
près de lui. Les cheveux poudrés, habit blanc
ouvert sur la poitrine laissant voir la chemise
garnie de guipures. — Toile. Haut., 1 m.
30 cent. ; larg., 96 cent.

23 — **Wouverman** (Attribué à **Ph.**). Halte de
chasseurs dans un paysage. Un jeune garçon

tient un cheval par la bride pendant qu'un cava-
lier appelle les convives. Fin petit tableau.

24 — **Ecole anglaise**. Portrait de Charlotte-
Sophie de Mecklembourg-Strelitz, reine d'Angleterre. Représentée en pied, grandeur nature,
en pompeux costume de cour ; couronne de dia-
mants au sommet de la coiffure, corsage mauve
garni d'hermine, de dentelles, de perles et de
pierreries, jupe de drap d'argent bordée d'or,
elle est assise sur le trône drapé de velours
pourpre. — Haut., 2 m. 40 cent. ; larg., 1 m.
45 cent.

25 — **Ecole anglaise**. Portrait de Georges III,
roi d'Angleterre. Presque de face, grandeur
nature, assis sur le trône, couvert du manteau
royal et tenant le sceptre. — Haut., 2 m. 40 cent.;
larg., 1 m. 45 cent.

26 — **Ecole française**. Deux dessus de porte :
l'Eau et le Feu, la Terre et l'Air, caractérisés
par des groupes d'enfants peints en grisaille.—
Haut., 94 cent.; larg., 1 m. 46 cent.

27 — **Ecole espagnole**. Sainte Thérèse agenouil-
lée et tenant les instruments de la Passion.

28 — **Ecole espagnole**. Ange couronnant une Sainte percée de flèches.

29 — **Ecole espagnole**. Religieuse bénissant les fruits de la terre.

30 — **Ecole espagnole**. Réunion de philosophes

31 — **Ecole espagnole**. Saint Anastase.

32 — **Ecole espagnole**. Anges et chérubins.

33 — **Ecole espagnole**. Sainte Marguerite.

34 — **Ecole espagnole**. La Vierge apparaissant à un capucin.

35 — **Ecole flamande**. Saint Jean l'Évangéliste.

36 — **Ecole flamande**. La Fuite en Égypte; sur cuivre.

37 — **Ecole flamande**. Figure de Sainte, drapée de rose et tenant un crucifix.

38 — **Ecole flamande**. Saint Jean, d'après Van Dyck.

39 — **Ecole flamande**. La Résurrection et le Christ aux limbes ; attribué à Otto-Venius.

40 — **Ecole hollandaise**. — Portrait de deux fillettes jouant avec un chien. — A droite : une signature (?).

41 — **Ecole italienne**. La Vierge présentant une pomme à l'Enfant Jésus.

42 — **Ecole italienne**. Cléopâtre. École du Guerchin.

43 — **Ecole italienne**. Sainte Famille, d'après Raphael.

44 — **Ecole italienne**. La Vierge, l'Enfant Jésus et sainte Anne, d'après Procaccini.

45 — **Ecole italienne**. Les Travaux de la terre ; attribué à F. Vanni.

46 — **Ecole italienne**. Sainte Femme tenant un crucifix ; école du Guide.

47 — **Ecole italienne**. Adam et Ève ; ébauche.

48 — **Ecole italienne.** Portrait du pape Sixte V.

49 — **Ecole italienne.** Saint Sébastien secouru par sainte Irène.

50 — **Ecole italienne.** Saint Antoine de Padoue, d'après le Dominiquin.

51 — **Ecole italienne.** Tête de Christ.

52 — **Ecole italienne.** Saint Paul, sur le chemin de Damas.

53 — **Ecole italienne.** L'Immaculée Conception.

54 — **Ecole italienne.** L'Enfant Jésus et saint Jean, miniature sur vélin.

55 — **Ecole italienne.** La Sainte Famille.

56 — **Ecole italienne.** Mise au tombeau, d'après Baroche.

57 — **Ecole italienne.** La Mort d'un Saint.

58 — **Ecole italienne.** Tête d'ange; école du Corrège. Cadre sculpté.

59 — **Ecole italienne**. Paysage et figures : un Enlèvement.

60 — **Ecole italienne**. Sainte Famille et saint Jérôme, d'après le Corrège.

61 — **Ecole italienne**. Mariage mystique de sainte Catherine.

62 — **Ecole italienne**, Le Sommeil de l'Enfant Jésus.

63 — **Ecole italienne**. Bacchus; étude.

TABLEAUX MODERNES

64 — **Appian**. Rivière ; soleil couchant.

65 — **Bonington** (Attribué à). Barques de pêche.

66 — **Brongniart** (**E.**). Femme nue couchée.

67 — **Charpentier** (**A.**). Portrait de petit garçon.

68 — **Damoye**. Bords de la Seine ; effet d'hiver.

69 — **Dautel** (**V.**). Jeune Femme jouant avec un chat. Pastel.

70 — **Dautel** (**V.**). Jeune Femme avec levrette. Pastel.

71 — **Desparmets** (**Fitz-Gérald**). Paysage.

72 — **Guillemet** (**A.**). Paysage. Étude.

73 — **Honville**. Paysage avec fermes.

74 — **Lalanne** (**Maxime**). Les Bords de la Seine, au point dn jour.

75 — **Lavieille** (**Eugène**). Les Champs de Veneux,
au Bornage ; effet de nuit.

76 — **Martin** (**Hugues**). Caravane dans l'Inde.
Salon de 1850.

77 — **Moullion** (**A.**). Chasse aux canards.

78 — **Olive** (**B.**). Une Ferme. Étude.

79 — **Renoir**. Portrait de femme. Pastel.

80 — **Rosalbin**. Les Baigneuses.

81 — **Rosson** (**F.**). L'Inondation.

81 *bis* — **Toulot** (**Jules**). 1883. L'Odalisque.

82 — **Troyon** (**C.**). Le Berger au repos. Esquisse.

83 — **Yon**. Cours d'eau, sous bois.

84 — **Schotel**. Mer houleuse ; effet d'orage.

85 — **Valério**. Vue de Carnac. Étude.

86 — **Valério**. Personnages vénitiens.
Deux pendants.

87 — **Ecole moderne**. Paysage ; genre de Diaz.

88 — **Ecole moderne**. Paysage ; genre de Th.
Rousseau.

89 — **Ecole moderne**. Animaux à l'abreuvoir.

DESSINS, AQUARELLES

90 — **Antony**. Église Saint-Georges ; Venise.
Aquarelle.

91 — **Bellenger** (**Georges**). Femme de profil.
Dessin, crayons noir et blanc, sur papier bleu.

92 — **Martin** (**Hugues**). Maquette de décoration
théâtrale. Dessin.

93 — **Nautré** (**André**). La Rue des Gardes, au Bas-
Meudon. Aquarelle.

94 — **Nautré** (**André**). Villerville. Deux aquarelles, dans le même cadre.

95 — **Picart** (**B.**). Jésus présenté au peuple.
Plume et encre de Chine.

96 — Sous ce numéro qui sera divisé : 25 aquarelles
et dessins.

97 — Plusieurs gravures anciennes.

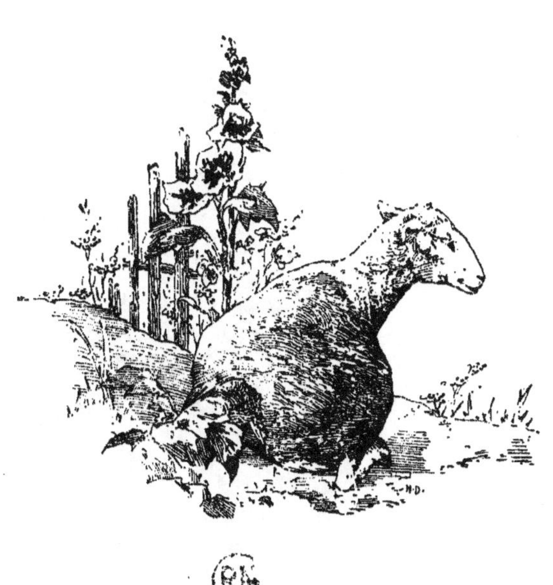